Perspektivenwechsel · Tagebuch einer Reise nach Kenia

Peter Hermle

Perspektivenwechsel

Tagebuch einer Reise nach Kenia

BoD – Books on Demand

© 2014 Peter Hermle

Umschlagbild: Robert Polinski
Herstellung und Verlag:
BoD – Books on Demand, Norderstedt
ISBN 978-3-7357-8700-2

Inhalt

Vorwort 7

Einleitung 9

Freitag, 7. Februar 2014 11

Samstag, 8. Februar 2014 13

Sonntag, 9. Februar 2014 27

Montag, 10. Februar 2014 37

Dienstag, 11. Februar 2014..................................... 41

Mittwoch, 12. Februar 2014 43

Donnerstag, 13. Februar 2014 49

Freitag, 14. Februar 2014 53

Samstag, 15. Februar 2014 57

Abreise 63

Vorwort

Reisetagebücher und Reiseführer gibt es wie Sand am Meer. In Kenia waren auch schon viele Menschen und etliches, was mir in Kenia begegnete, mag auch in anderen Ländern so oder so ähnlich gegeben sein.

Einmalig sind aber meine persönliche Betroffenheit, all die Eindrücke des Neuen, teilweise Unfassbaren und manchmal Unglaublichen.

Welche Perspektive ist einzunehmen beim Betrachten des Fremden? Was für mich eine Momentaufnahme war, Dinge, die fast schon wie ein Film an meinen Augen vorüberzogen, sind für die Menschen in Kenia die einzig bekannte Realität, die einzige Wirklichkeit. Viele Menschen, die ich getroffen habe, wissen nicht einmal von unterschiedlichen Perspektiven. Meine Perspektive auf die Menschen in Kenia ist subjektiv – und deren Perspektive auf Weiße ebenso. Welche Perspektive ist richtig und korrekt?

Danken möchte ich meinen Söhnen, die mir in andere Kontinente und insbesondere nach Kenia vorausgingen, und meiner Frau, die mich ermutigte, mich auf das *Abenteuer Kenia* einzulassen.

Weiter gilt mein Dank GFI in Kenia für die schöne Unterkunft und wichtige Unterstützung sowie meiner Familie für das gründliche Lektorat.

Peter Hermle, im Februar 2014

Einleitung

Meinem Sohn Samuel, der sich entschlossen hatte, ein halbes Jahr lang GFI in Kenia zu unterstützen, habe ich eine achttägige Reise in das wunderschöne ostafrikanische Land am Äquator zu verdanken. GFI – Gospel Fire International ist eine von Peter Franz geleitete Non-Profit-Organisation, die sich zum Ziel gesetzt hat, möglichst viele Menschen zum Glauben an den Gott der Liebe und des Friedens einzuladen. Sein Beruf lässt sich mit dem Begriff *Missionar* am besten beschreiben, da er eine Mission, einen Auftrag hat, nämlich Menschen in Kenia, Uganda und dem Sudan (aber auch anderen Ländern) etwas Wichtiges mitzuteilen: Er verbreitet die Botschaft, wie viel neue Hoffnung entstehen kann und welche neuen Perspektiven sich durch ein Leben in einer persönlichen Beziehung zu Gott, dem Vater, und seinem Sohn Jesus Christus ergeben. Gottes Liebe erfahrbar zu machen, ist das zentrale Motto von Peter, seiner Frau Becki und des gesamten Teams von GFI.

Schon Peters Vater diente den Menschen in Kenia, indem er ihnen von der Möglichkeit erzählte, ihr Leben durch den Glauben an den in der Bibel beschriebenen liebenden Gott zu verändern.

GFI hat ein Grundstück in Eldoret, einer Stadt im Osten Kenias, die sogenannte *Base*. Dort befinden sich neben Wohngebäuden und Büro auch ein

Fuhrpark sowie eine Werkstatt, um für Großveranstaltungen mit tausenden von Teilnehmern gut ausgerüstet zu sein. Neben Mitarbeitern in der Administration sowie Medienarbeit sind deshalb Automechaniker von wesentlicher Bedeutung für das GFI-Team.

Ein Bericht über eine Großveranstaltung, deren aufwändige Vorbereitung, Nacharbeit und all die Details im Hintergrund würde ein eigenes Buch füllen. In vorliegendem Tagebuch ist allerdings kein solcher enthalten, da ich selbst an keiner Großveranstaltung teilgenommen habe.

GFI ist natürlich auch im Internet präsent. Die Homepage www.gfi-ministries.org enthält viele weitere Informationen und aktuelle Berichte über die Aktivitäten von GFI. Auch Bilder und die Höhepunkte größerer und kleinerer Events sind dort zu finden.

Freitag, 7. Februar 2014

Die Reise begann am 7. Februar 2014 am Flughafen Stuttgart. Nach einem relativ bequemen Flug mit einem Airbus 330 ging es nach einigen Stunden Aufenthalt im überfüllten Atatürk-Flughafen in Istanbul mit einer sehr engen Boeing 737 weiter nach Nairobi. Es war ein tolles Gefühl, kenianischen und somit erstmals afrikanischen Boden zu betreten. Überrascht war ich vom Regen in Nairobi, den es, wie Pfützen deutlich verrieten, kurz vor meiner Ankunft gegeben haben musste. Regen ist nicht das Erste was ich mit Afrika verbinde. Weniger überraschend dagegen war der Eindruck, die die Ankunftshalle mit Pass- und Visakontrolle auf mich machte. Diese erinnerte mehr an eine Tiefgarage als an einen Flughafen. Afrika ist eben anders, dachte ich bei mir und ordnete diesen Eindruck dem zu, was ich an Andersartigkeit erwartet hatte.

Kaum hatte ich den Flughafen frühmorgens um vier verlassen, wurde ich von etlichen Taxifahrern angesprochen, deren Dienst ich jedoch nicht in Anspruch nehmen konnte, da ich mit einem Inlandsflug nach Eldoret weiterfliegen musste. Obwohl ich sein Angebot, mich zu transportieren, ausgeschlagen hatte, erklärte mir ein freundlicher Taxifahrer den Weg zur sogenannten Unit 3, dem Terminal für Inlandsflüge, die ich auch rasch fand. Dort war ich in den frühen Morgenstunden der erste Fluggast, so dass ich nicht nur einen Büroangestellten, sondern auch den Servicemann in der Toilette sowie die Damen am Check-In-Schalter schlafend vorfand – ein weiterer früher und amüsanter Eindruck des schwarzen Kontinents. Nachdem ich den Mann am Eingang der Check-In-Halle fast schon überreden musste, einen Security-Check durchzuführen, war ich kurz vor meinem Ziel, auch den dritten Flug pünktlich zu erreichen, was schließlich auch gut klappte.

Samstag, 8. Februar 2014

Am Flughafen von Eldoret wurde ich von meinem Sohn Samuel und Thomas, einem jungen Familienvater aus Zwickau, der GFI während seiner Elternzeit gemeinsam mit seiner Familie eine Zeit lang unterstützte, abgeholt. Auf der Fahrt vom Flughafen zur Base von GFI boten sich mir weitere aufregende Eindrücke. Der Straßenverkehr wurde mir im Vorfeld meiner Reise als chaotisch beschrieben, was sicherlich keine große Überraschung ist. Das Chaos selbst zu erleben, war aber doch noch etwas anderes. Ist es Kosteneffizienz, schiere Geldnot oder sind es andere Gründe, aus denen die Kenianer zumindest in Eldoret auf Verkehrszeichen und Geschwindigkeitsangaben verzichten? Eldoret kann immerhin als kenianische Großstadt eingestuft werden. Nun, irgendwie funktioniert der Verkehr trotzdem – die Geschwindigkeit wird durch gefährliche Speedbumps, das sind quer über die Fahrbahn verlaufende kleinere oder größere Schwellen, reguliert, vor denen das Tempo auf 15 km/h oder noch weniger reduziert werden muss. An Kreuzungen fährt derjenige zuerst, der zuerst da ist. Überholt wird rechts, was bei Linksverkehr die Regel ist, oder links, wenn es opportun erscheint. Und mit einem Augenzwinkern möchte ich ergänzen: Fügt man dieser Verhaltensnorm noch das Prinzip bei: »Achte auf dein Leben und das Leben Anderer«, hat man das kenianische Verkehrsregelwerk schon im Wesentlichen erfasst. Auch die bemerkenswerten Schlaglöcher muss ich erwähnen (nein, nicht solche kleinen Fehler im Straßenbelag wie in Deutschland nach dem Winter), da diese definitiv hochgefährlich sind, mache vielleicht sogar lebensgefährlich. Vermutlich dienen sie am Ende vor allem dazu, die Aufmerksamkeit der Fahrer auf einem maximalen Level zu halten. Viele Motorradfahrer, auf deren Rolle als Personentransporteure ich im Folgenden noch eingehen werde, runden das Bild ab. Diese fahren teilweise zu dritt auf dem Motorrad, sind mitunter beeindruckend beladen (der Motorrad*laderaum* ist schließlich unendlich groß) und manche Fahrer tragen sogar einen Helm.

Die Ortseingangsstraße von Eldoret ist zu beiden Seiten gesäumt von Baracken, meist Wellblech- oder baufällig wirkende Holzkonstruktionen – alles höchst provisorisch. Etliche davon sind beschriftet und suggerieren damit, so etwas wie Geschäfte zu sein. Zwischen der geteerten Straße und den Baracken befindet sich ein festgetretener Erdboden, oder einfach *Dreck*, wie man in Süddeutschland umgangssprachlich sagen würde. Alles könnte kaum einfacher sein und man hat bei diesen Geschäften als Deutscher nicht das Gefühl, einfach hineingehen und etwas kaufen zu können; es erfordert doch eine gewisse Erfahrung mit den Menschen und deren Gepflogenheiten. Zumal Kenia in Sachen Korruption, Kriminalität und Betrügereien kein rühmliches Bild abgibt.

An der Base angekommen, hupte Thomas vor dem großen Tor der GFI-Base, da das Gelände gut abgeschirmt und bewacht ist; sogar Nachtwächter sind erforderlich. Nach kurzer Zeit wurde das große Tor aufgeschoben und wir konnten einfahren.

Nach einem relativ deutsch anmutenden Frühstück im Hause der Familie Franz (mit Brötchen, Nutella, Salami, Schwarzwälder Schinken und frischen kenianischen Bananen als Nachspeise) richtete ich es mir in einem Zimmer in der Wohnung, in der Samuel ebenfalls ein Zimmer nutzte, gemütlich ein. Über meiner Matratze installierte ich ein Moskitonetz, was vielleicht nicht einmal erforderlich war, da ich auch nach zwei Tagen noch keine einzige Stechmücke gesehen hatte. Das mag daran gelegen haben, dass Eldoret mehr als 2000 Meter oberhalb des Meeresspiegels liegt.

Tagsüber erholte ich mich etwas von den Strapazen der nächtlichen Reise und schaute mich auf der Base um. Dabei sah ich ein paar Kenianern zu, wie sie an der von Peter geplanten Fischzuchtanlage arbeiteten und schwere Betonierarbeiten verrichteten. GFI plant, Finanzen im eigenen Land, d.h. in Kenia, zu generieren, wobei die Fischzucht eine wesentliche Rolle spielen soll. Zwei Ziele sollen damit erreicht werden. Einerseits sollen die Löhne der Angestellten von GFI in Kenia selbst erwirtschaftet werden, so dass Spenden aus Europa künftig noch mehr für humanitäre Hilfsleistungen und Einsätze verwendet werden können. Andererseits soll GFI in Kenia mittel- bis langfristig auch dann auf eigenen Füßen stehen können, wenn sich Peter und seine Familie nach Deutschland zurückziehen und die Aufgaben auf Einheimische übertragen werden sollten.

Am Abend kam Onyango auf die Base und berichtete von seinem Plan, in Eldoret *Cinema machen* zu wollen. Onyango, ein Vater von vier (beinahe) erwachsenen Kindern, war bis vor einigen Jahren Mitarbeiter bei GFI und wurde von Peter und Becki in die Selbstständigkeit geführt. Meine erste Assoziation mit *Cinema* war eine Fahrt in die Stadt, wo in einem Kino in Zusammenarbeit mit dessen Besitzer ein Film gezeigt werden sollte. Weit gefehlt, wie sich herausstellen sollte. Onyango fragte mich kurz vor der Abfahrt, ob ich wirklich mitfahren wolle, denn es gehe in die Slums von Eldoret. Nach leichter Unsicherheit und Rückfrage meinerseits, woraufhin mir von anderen versichert wurde, dass Onyango sich auskenne und wisse, was er tue, ging es schließlich los. Hatte ich vorhin über die kenianischen Straßen in der Stadt geschrieben? Dem ist noch einiges hinzuzufügen, auch zu den Straßen inmitten der Stadt. Wir bogen also nach kurzer Fahrt von der Hauptstraße ab und fuhren auf einer Lehmstraße, nein, auf einer *Dreckhoppelpiste*, die dem Fahrer ständige Manöver nach links und rechts abverlangte, um die tiefsten Löcher zu umfahren.

> ***Straßen in Kenia***
>
> *Jeder weiß, dass es in Afrika Straßen gibt, die man bei Regen besser meidet und die man am besten nur mit einem Allrad-Geländewagen mit Differentialsperre und Geländeuntersetzung befährt. Und viele, so auch ich, stellen sich vor, dass man diese Straßen in der Regel meiden kann, da sie ohnehin nur zu den aller entlegensten Dörfern führen, in denen die Menschen noch leben wie vor 500 Jahren. Weit gefehlt. Zum einen ist die traurige Wahrheit, dass es solche Straßen sogar in der Stadt gibt und diese das kenianische »Normal« darstellen (klar, die Straßen zwischen Großstädten, bspw. von Eldoret über Nakuru nach Nairobi befindet sich in einem recht guten Zustand, wofür unter anderem Chinesen aufgrund ihrer Handelsinteressen sorgen). Zum anderen muss man solche Straßen benutzen, sobald kleinere Ortschaften aufgesucht werden sollen. Und was deren Qualität anbelangt: Man stelle sich einfach die schlechteste, noch befahrbare Straße vor. Diese sich vor Augen führend lehrt die Realität: Die kenianischen Straßen sind noch schlechter. Auf die Gefahr hin, der kenianischen Straßenstory den Hauch eines Mythos zu verleihen, sei abschließend erwähnt, dass Kenianer diese Straßen in der Regel nicht mit Allradfahrzeugen, sondern mit ganz normalen Autos befahren!*

Auf der Fahrt durch die Slums erlebte ich erstmals, was ich bisher nur gehört hatte: Wie sehr ich als Weißer beachtet wurde und was für ein hoher Stellenwert mir rein aufgrund meiner Hautfarbe eingeräumt wird. Ich möchte das hier einfach erwähnen, nicht jedoch beurteilen. Welche Perspektive ist die richtige? Ich finde, dass ich im Vergleich zu den Bewohnern dieser Gegend kein besonderer Mensch bin. Und ich weiß, dass die Menschen, die mir dort begegnet sind, wertvoll sind und dass Gott keinen Unterschied macht.

Die Straße war gesäumt von Händlern, die gebratenen Mais, Gemüse, Eimer voll Kohlen oder Fleisch anboten. Es standen viele Menschen herum, die offenbar nicht sehr viel zu tun und insbesondere kaum Erwerbsmöglichkeiten hatten. Während der Fahrt durch die Straßen rief Onyango per Lautsprecher die Einladung zum Cinema mit kräftiger Stimme und weithin hörbar aus. Kinder winkten fröhlich und freuten sich, als ich mein Fenster öffnete, um ihnen die Hand zu drücken. Was für eine Situation, was für ein Erlebnis! Die damit verbundenen Emotionen sind schwer zu beschreiben. Ich war tief betroffen von der Not und sehr berührt von der Freude der Kinder. Ich war so bewegt, dass mir Tränen kamen.

Nach ein paar hundert Metern waren wir am Ziel angekommen, an einem kleinen Platz von vielleicht 100 m². Nun sollte sich das Geheimnis um das Kino lüften: Als Leinwand diente ein zwischen einem Eisengestänge gespanntes Leintuch. Das Gestänge bestand aus einer zusammengeschweißten Rohrkonstruktion, die mit vier Seilen in vertikaler Lage gehalten wurde. Der Projektor stand im Kofferraum des Fahrzeugs, Strom wurde mit einem auf dem Dach befestigten Generator erzeugt, auf welchem sich auch die Lautsprecher befanden. Die Filmausrüstung hatte GFI finanziert, um Onyango eine eigenständige Tätigkeit als Botschafter Gottes zu ermöglichen. Ich freute mich sehr zu sehen, mit wie viel innerer Überzeugung von Gottes Liebe zu den Menschen Onyango seinen Dienst tat. Er zeigte enormen Enthusiasmus bei der Vorbereitung und Durchführung der Filmaktion und nutzte seine aus meiner Perspektive eher dürftigen technischen Mittel und Möglichkeiten optimal. Ich war beeindruckt davon, wie wichtig es ihm war, alles Positive, was er selbst mit Gott erlebt hatte, anderen weiterzusagen. Dadurch kam zum Ausdruck, dass ihm seine Mitmenschen, und vor allem die armen Menschen in den Slums sehr wichtig sind.

Während des Aufbaus der Technik waren wir umringt von mindestens einhundert Kindern, die alle unsere Hände schütteln wollten und sich freuten, fotografiert zu werden. Sie waren sehr fröhlich, wir konnten uns allerdings kaum mit ihnen unterhalten, da sie wenig Englisch konnten (die wichtigste Sprache in Kenia ist Kiswahili). Aber wir konnten nach ihren Namen fragen – und ich erinnere mich an Josephine, ein vielleicht acht bis zehn Jahre altes fröhliches Mädchen.

Etliche Kinder trugen jüngere Geschwister bei sich, da die kenianischen Familien meist relativ groß sind und dadurch schon recht junge Kinder in die Erziehung und Betreuung der jüngeren Geschwister involviert werden.

Schließlich startete der Film, dem alle gebannt folgten. Es ging um Aids und darum, wie diese heimtückische Krankheit einen Mann und dessen Familie zerstörte. Die Art der Vorführung war ungewöhnlich: Der Film war in englischer Sprache, jedoch sprach Onyango währenddessen ununterbrochen in Kiswahili, erläuterte den Film und predigte parallel. Während der Vorführung lernte ich Pastor David kennen, er ist Pastor der Kirche in den Slums von Eldoret. Er zeigte mir während des Gesprächs durch eine Geste, wo seine Kirche etwa stand, wobei ich ein einigermaßen normal anmutendes, da immerhin gemauertes Gebäude im Blick hatte. Später wurde mir mein Irrtum bewusst – seine Kirche war das von mir mit einem Schuppen verwechselte und im Wesentlichen aus Wellblech bestehende Gebäude. Später konnte ich die Kirche besichtigen, deren Aufbau sich leicht beschreiben lässt: Senkrecht stehende Pfosten und horizontale Träger als Tragekonstruktion für die Wellblechwände, ein einfacher Lattenverbund für das ebenfalls aus Wellblech bestehende Dach und zwei Türen. Eine der Türen ist für die Gemeinde und die andere für den Pastor bestimmt. Stühle befanden sich keine in der Kirche, da diese sonst gestohlen würden. Sonntags beginnen die Gottesdienstvorbereitungen um sechs Uhr früh, nicht zuletzt um genug Zeit zu haben, die Stühle aus dem Lager zu holen und alles andere aufzubauen. Lediglich ein Podest mit Kanzel war fest in der Kirche eingebaut. Zusammenfassend: Kirche = Ein Wellblechschuppen mit zwei Türen und Lehmboden. Fertig. So einfach kann es sein. Die Errichtung des Kölner Doms dürfe aufwändiger gewesen sein.

Nach der Filmvorführung lud Onyango die Menge ein, sich für eine Veränderung ihres Lebens durch die Annahme eines Glaubens an Gott zu entscheiden und sich der Gemeinde anzuschließen. Pastor David wird auf diejenigen, die sich neu orientieren und ihr Leben auf eine neue Basis nach biblischen Grundätzen stellen wollen, persönlich zugehen und sie im Alltag begleiten.

Schließlich wurde die Kinoausrüstung abgebaut, wir unterhielten uns währenddessen weiter mit den Kindern und fuhren dann zusammen mit Onyango durch die nächtlichen Slums, die aus Sicherheitsgründen nachts von sehr hoch angebrachten Strahlern beleuchtet werden. »Very quickly« sollten wir noch zu Onyango nach Hause mitkommen – um einen Tee zu trinken, wie er uns informierte. Diese Einladung sollte zu einem weiteren neuen Erlebnis werden. Auf faktisch unbefahrbaren Wegen ging die

Fahrt durch die engen Gassen der Slums und schließlich erreichten wir, nicht weit entfernt vom sogenannten Elendsviertel, sein Haus, das wie die GFI-Base ebenfalls durch ein Tor gesichert war. Durch die Haustür kamen wir sofort in das Wohnzimmer. Das war ein etwa 16 m² großer Raum, der praktisch vollständig von Sesseln, Sofas und zwei Tischen ausgefüllt war, wodurch zum Gehen kaum Platz blieb. Zwei aus unterschiedlichsten Modellen bestehende Couchgarnituren füllten den Raum, dessen Wände aus nackten Backsteinen bestanden, die mit Tüchern behängt waren. Es sah gemütlich aus, war aber in meiner Wahrnehmung furchtbar eng, extrem provisorisch und (aus deutscher Perspektive) schlicht armselig. Allerdings fehlte der Fernsehapparat nicht, auch ein CD- oder DVD-Spieler war vorhanden. Und Mobiltelefone fehlten ohnehin nicht – diese sind in Kenia sogar überraschend weit verbreitet.

Mobilfunk und Internet in Kenia
Auch wenn Kenia in vielerlei Hinsicht den Eindruck erweckt, unserer Entwicklung in Deutschland 50 bis 100 Jahre hinterherzuhinken, so ist das Land in Sachen Mobilfunk und Internet sehr gut entwickelt. Für 100 kenianische Schilling, was etwa 90 Cent sind, kann man sich eine SIM besorgen und hat damit auch mit einem deutschen Handy oder Smartphone im Handumdrehen mobiles Telefon und Internet. »Klar, in den Städten ist das so« mag man denken. Tatsächlich besteht selbst in den Wäldern und

> *Bergdörfern auf 3000 Meter Höhe ein passabler Internetzugang, was nicht zuletzt an starker Sendeleistung in einem Maß, das in Deutschland gar nicht erlaubt wäre, liegen mochte.*

Bei einer späteren Besichtigung des Hauses von außen waren noch einige Details des Domizils der Familie Onyangos sichtbar, wie zum Beispiel richtige Löcher im Haus, da der Bereich zwischen Mauerende und Dach nur mangelhaft ausgefüllt war, sowie der lehmige Boden rund um die Unterkunft, wodurch unsere Schuhe unvermeidlich äußerst schmutzig wurden.

Onyangos Frau servierte uns den kenianischen Chai, einen für meinen Geschmack eher dünnen, in Kenia produzierten Schwarztee mit viel Milch, der üblicherweise mit Rohrzucker genossen wird. Danach gab es Ugali mit Sukuma Wiki und Rührei mit Tomaten. Ugali kann man sich in Bezug auf Aussehen und Konsistenz wie einen viel zu festen Grießbrei vorstellen (schnittfest). Dieses Nationalgericht besteht überwiegend aus Maismehl. Ugali gibt es zu vielen Gerichten und es scheint den Kenianern das zu sein, was uns Deutschen das Brot ist. Geschmacklich ist es recht neutral, weder süß noch besonders salzig. Sukuma Wiki ist ein grüner Kohl, der dünn geschnitten und gekocht wird. Die wörtliche Übersetzung des Kiswahili-Wortes lautet »Schiebe dich durch die Woche«, wodurch zum Ausdruck kommt, dass Sukuma Wiki zwar als Grundnahrungsmittel angesehen wird, jedoch gerne – falls ausreichend Geld vorhanden ist – durch Fleisch ersetzt werden kann.

Etwas hilflos saß ich vor meinem so appetitlich gefüllten Teller, da kein Besteck gereicht wurde. Onyango erkannte die Not und führte kurz vor, wie er aus einem Stück Ugali beherzt einen kleinen Fladen knetete, mit dem Sukuma Wiki und Tomatenrührei aufgenommen und verzehrt werden konnten. Ach ja, wichtig ist hier zu erwähnen, dass die Dame des Hauses vor dem Essen mit einer mit warmem Wasser gefüllten Kanne und Schüssel von einer Person zur anderen ging und jedem ermöglichte, sich so die Hände zu waschen. Bad? Waschbecken? Fehlanzeige. Ist es hygienisch genug, sich nach einem Slumbesuch mit etwas Wasser die Hände zu waschen und anschließend mit den Fingern zu essen? Aus deutscher Perspektive sicherlich nicht – aus kenianischer Sicht etwa? Nein, nach allem was heute über Hygiene bekannt ist ganz sicher auch nicht aus kenianischer Perspektive! Aber hätte ich eine so freundliche und zuvorkommende Einladung ausschlagen können?

Vor dem Essen betete Onyangos Frau und dankte für das Essen. In Kenia gibt es viele hungernde Menschen, so dass es weit weniger selbstverständlich ist, jeden Tag satt zu werden, als in Deutschland. So aßen wir und unterhielten uns, lernten Onyangos

Haus und Familie und die Atmosphäre in einem kenianischen Haus bzw. Wohnzimmer kennen. Ein paar Tage später, am 13. Februar reiste Onyango übrigens in den Norden Kenias nach Kakuma, um sich dort gemeinsam mit Peter Franz in einem Flüchtlingslager südsudanesischer Flüchtlinge umzusehen. Sie prüften, welche Hilfe geleistet werden könnte, beispielsweise durch Kleidung, und überlegten, wie man den Flüchtlingen in ihrer großen Not neben der praktischen Hilfe mehr Hoffnung für ihr Leben durch Gottes Wort bringen könnte.

> *Hoffnung*
>
> *»Kann man Hoffnung denn essen? Werden Flüchtlinge von Gottes Wort satt?« mag sich manch ein Leser fragen. Nein, Hoffnung kann man nicht essen, weshalb GFI beide Aspekte bedenkt: Neben der Befriedigung der elementarsten Grundbedürfnisse satt zu sein, sowie warm und trocken leben zu können ist das Ziel auch die Verbreitung der Botschaften über den liebenden Gott, von dem Gutes und Vergebung ausgeht und der ewiges Leben schenkt. Die Menschen in Afrika, so habe ich immer wieder gehört, sind offen und gleichsam hungrig nach der Botschaft über den liebenden Gott, der Situationen ändern und beeinflussen und Menschen heilen kann. Menschen, die in ihrem Alltag im Glauben an Jesus Christus leben, werden nicht nur innerlich sondern auch äußerlich verändert, da sie mehr Zufriedenheit und Frieden ausstrahlen, was selbst bei materieller Armut oder Not der Fall ist.*

Als ich von diesem Plan hörte, fragte ich mich, ob ich wohl mitgegangen wäre in ein Flüchtlingslager. Flüchtlingslager ... dieses Wort klingt nach schmutzigem Wasser, Elend, Platzmangel, mangelnder Hygiene, Cholera und sogar Tod. Ich würde sehr viele Fragen stellen, ehe ich mich darauf einließe und am Ende vermutlich großen Abstand zu den Flüchtlingen halten. Wie ich später hörte, waren meine ersten Assoziationen nicht sehr zutreffend. Da schon die Zeit vor der Unabhängigkeit des Süd-Sudan von Spannungen und Konflikten geprägt war, gibt es schon seit vielen Jahren Flüchtlinge in Kakuma; sogar schon so lange, dass sie sich wie in einer Stadt eingerichtet haben. Die Not unter den aktuell neu ankommenden Flüchtlingen ist jedoch groß.

So endete mein erster Tag in Kenia mit unfassbar vielen neuen Eindrücken. Zu einem Großteil waren diese Eindrücke nicht leicht zu verarbeiten, da es keine einfachen Antworten auf die Frage gibt, warum es Menschen in Kenia im Durchschnitt so viel schlechter geht als den Menschen in Deutschland. Aber, leider (oder zum Glück?) gewöhnt man sich doch sehr schnell an solche Eindrücke, und Erinnerungen verschwimmen schneller als mir lieb ist und werden durch neu Erlebtes verdrängt. Wie können neu gewonnene Perspektiven festgehalten werden?

Sonntag, 9. Februar 2014

Am heutigen Sonntag besuchten wir gemeinsam mit Peter Franz einen Gottesdienst in einem Dorf weit außerhalb der Stadt. Um 7.15 ging die Fahrt los. Mit einem großen Toyota-Geländewagen fuhren Peter Franz, Samuel, Robert, der GFI drei Wochen lang als Praktikant unterstützte, und ich zunächst nach Iten. Diese Stadt ist zumindest in Kenia für ihre guten Langstreckenläufer bekannt, die auch international erfolgreich sind. Sie haben den Vorteil, ständig in über 2000 Meter Höhe trainieren zu können und dadurch einen besseren Sauerstofftransport zu haben als manch ein Konkurrent. Von Iten aus fuhren wir weiter in Richtung »Busch«. Über eine Lehmpiste ging es 40 bis 50 km hinauf ins Bergland, bis auf knapp 3000 Meter Höhe. Unterwegs sahen wir mit Brennholz beladene Esel, da sich viele kein Fahrzeug als Transportmittel leisten können. Und wenn sich eine Familie nicht einmal einen Esel leisten kann, schleppt eben die Frau das Holz. Weshalb das so ist, verstehe ich nicht und selbst mit viel Fantasie finde ich keine Begründung dafür, warum hier die Männer nicht anpacken und es gelingt mir nicht, mich in die kenianische Perspektive hinein zu versetzen.

Wir sahen in den vielen kleineren Orten, die wir durchfuhren, die charakteristischen Baracken, die für deutsche Augen aussehen, als hätten Kinder im Garten eine Hütte gebastelt oder als hätte man vergessen, den vor Jahrzehnten errichteten Notschuppen für Gartengeräte abzureißen. In Kenia sind das *normale* Geschäfte, in denen man Obst, Gemüse, Handyguthaben oder Betten kaufen kann, in denen geschweißt wird oder Motorräder repariert werden. Es gibt auch Geschäfte bzw. Kiosks, die sich am besten als Blechkästen beschrieben lassen und bei denen Käufer und Verkäufer durch ein Metallgitter (wie man es als Stahleinlage im Betonbau kennt) getrennt sind, vermutlich, damit der Käufer nicht durch unziemliche Eingriffe in den Verkaufsraum mehr Waren an sich nehmen kann, als er bezahlen möchte.

Einkaufen in Kenia

Das Einkaufen in Kenia ist ein Erlebnis für sich. Als Weißer, so meine traurige Erfahrung, muss man davon ausgehen, bei nicht ausgezeichneten Waren viel zu hohe Preise genannt zu bekommen. »My friend«, heißt es dann, »I make 12.000 Schilling for you«. Wenn man nicht rasch reagiert und so den Eindruck erweckt, als potenzieller Käufer kenne man sich mit den Gepflogenheiten nicht aus, wird man freundlich darauf hingewiesen, das Verhandeln nicht zu unterlassen: »You can negotiate the price«. Bietet man dann 2.000 oder 3.000 anstelle der 12.000 Schilling erntet man entsetzte Blicke, danach jedoch rasch ein verbessertes Angebot, bspw. 10.000 Schilling. Nun darf man keinesfalls den Fehler machen, sich sein Interesse an der Ware anmerken zu lassen. Vielmehr empfiehlt es sich, ein

> *letztes Höflichkeitsangebot zu machen, bspw. 4.000 Schilling und sodann den Ort der Verhandlung zu verlassen. Allerdings höchstens so schnell, dass der Verkaufsinteressierte die Gelegenheit behält, das Angebot zu akzeptieren. Mit gutem Recht kann erwartet werden, dass der in dieser Weise geschickt einfädelte Deal zustande kommt. Wer am Ende der wirtschaftliche Gewinner ist, mag eine andere Frage sein. Aber die Preise sind für Europäer immer recht günstig, selbst dann wenn man schlechter verhandelt und meist auch dann noch, wenn an Tourist Spots stark überhöhte Preise verlangt werden.*

Unterwegs holten wir einen kenianischen Pastor ab, zu dessen Gemeinde wir mit einer Durchschnittsgeschwindigkeit von vielleicht 40 km/h unterwegs waren. Die Straße führte uns durch einen dichten Wald, den man getrost als Urwald bezeichnen konnte. Man kann dort Kakteen bestaunen, die teilweise zehn Meter hoch oder noch höher waren. Meiner Vermutung nach handelte es sich dabei um den *Candelabra tree* oder *Euphorbia candelabrum*. So kamen wir immer höher bis wir schließlich unser Ziel, ein kleines Dorf in den Bergen namens Kapsovar erreichten. Die Häuser waren weit verteilt und ein Ortszentrum ließ sich nicht ausmachen. Bei guter Sicht hätten wir eine fantastische Aussicht bis zum Mount Kenia gehabt, die uns jedoch durch Wolken versperrt war. Die letzten 100 Meter verlangten unserem Fahrzeug alles ab, da uns der sehr steile Grasweg hoch hinauf führte. Schließlich erreichten wir die Kirche, die – gar nicht mehr so überraschend – aus einer Holzkonstruktion sowie Wellblechdecke- und wänden bestand. Diese Kirche hatte sogar zwei Fenster, Bänke und einige Kunststoffstühle für Pastoren und Gäste. Diebstahl muss hier in den Bergen offenbar weniger befürchtet werden als in der Stadt. Die Bänke waren einfachst gestaltet: zwei Pfosten, ein Brett. Diese kleine Kirche bot mit ihren geschätzten 30 m² Grundfläche aufgrund der sehr eng gestellten Bänke Platz für etwa 50 Besucher. Für die Bibel des Pastors gab es ein relativ ordentlich geschreinertes Pult. Außerdem wurden vor dem Gottesdienst ein paar schmückende Blumen gebracht.

Vor Beginn des Gottesdienstes überkam mich ein allzu menschliches Bedürfnis, auf das ich inmitten der kenianischen Berge auch großzügig verzichtet hätte. Wer sich weitere Details dazu ersparen möchte, überspringe den folgenden Kasten.

Kenianische Toiletten

Über kenianische Toiletten mag der Leser sicherlich nicht jedes Detail wissen, könnte es doch den Lesegenuss trüben. Aber über die Toilette bei der Kirche von Kapsovar muss ich schreiben, zumal es genügt, über ein Bauwerk, bzw. eine Hütte zu berichten. Je weniger vorhanden ist, desto weniger gibt es zu beschreiben, so einfach ist das. Der Boden der Hütte mochte 2 m² groß sein, die

Hüttenwände bestanden aus Brettern, die beinahe blickdicht waren, das Dach aus Wellblech. Eine Tür gab es auch, die sich jedoch nur von außen schließen ließ. Der Boden bestand aus Holzbrettern, die eine 10x10cm große Aussparung hatten (vielleicht waren es auch 12x12cm, ich will ja nicht dramatisieren). Mehr gab es nicht. Es bestand also keine Gefahr, sich an unhygienischen Wasserhähnen, Türklinken, Klopapierhaltern etc. zu verunreinigen, um die Beschreibung unter Erwähnung der positivsten Aspekte abzuschließen. Alle weiteren Details, insbesondere im Hinblick auf die Benutzung der Hütte, seien der Fantasie des Lesers überlassen.

Zu Beginn des Gottesdienstes, d.h. zu dessen eigentlichem Beginnzeitpunkt war kaum jemand anwesend. Afrika eben. Uns wurde versichert, die Leute kämen im Laufe der Zeit, was sich bewahrheitete. Anfangs waren einige Frauen da, die den Gottesdienst mit Gesang eröffneten. Instrumente, Verstärker, Beamer: Fehlanzeige. Wozu auch, wenn man über so schöne kräftige Stimmen verfügt wie die Frauen der Gemeinde, die offenbar für den Gesang zuständig waren. Alle Lieder waren für Vorsänger und Chor gehalten, wobei der Chor jeden von der Vorsängerin gesungenen Vers mit einem einfachen Antwortgesang erwiderte. Schon im Vorfeld des Gottesdienstes wurde uns mitgeteilt, dass von uns Gästen, zumal von uns weißen Gästen, erwartet wurde, dass wir vorne saßen und einen Beitrag zum Gottesdienst leisteten. Neben Peter Franz waren wir zu dritt und warteten gespannt auf unseren Einsatz. Der Gottesdienst war viersprachig: Es wurde Kiswahili gesprochen, dann aber auch Englisch, Deutsch und der lokale Stammesdialekt. Peter übersetzte für uns, wenn Kiswahili gesprochen wurde. Den Stammesdialekt verstand er selbst nicht. Als wir dran waren, sangen wir zunächst gemeinsam ein Lied, das wir mit unserer Gitarre begleiteten. Die Gottesdienstbesucher, darunter übrigens sehr viele Kinder, die einen sehr wohl erzogenen Eindruck machten, hörten zu und gaben am Ende ein höflichen Applaus.

Wir drei Gäste stellten uns der Reihe nach vor und jeder war eingeladen, noch etwas über die persönliche Vorstellung hinaus zu sagen. Ich erzählte den Leuten über uns Deutsche, dass wir sehr oft sehr in Eile seien und sehr viel zu tun haben, Häuser und Geld besitzen, aber dennoch nicht immer zufrieden sind. Ich teilte den Leuten meine Überzeugung mit, dass in der Gesamtsicht des Lebens der Friede Gottes in uns entscheidend ist – und zwar völlig unabhängig davon, ob man in Stuttgart oder in Kapsovar lebt. Natürlich ist der Lebensstandard hier und dort nicht vergleichbar, aber die Frage ist, was am Ende zählt, insbesondere ganz am Ende – am Ende des Lebens. Dies unterstrich ich noch mit einem Zitat aus dem Brief, den Paulus an die Römer geschrieben hatte. Dort heißt es im ersten Vers des fünften Kapitels, dass wir durch den Glauben von unserer Schuld freigesprochen sind und dadurch Frieden mit Gott durch Jesus Christus haben, was nach allem was ich erlebe, real ist und der Wahrheit entspricht.

So feierten wir fröhlich Gottesdienst, etwa zwei Stunden lang. Alles war recht spontan und frei, aber auch sehr ordentlich. Die Kinder verschwanden irgendwann stillschweigend und vergnügten sich anderweitig.

Am Ende des Gottesdienstes verließen die Pastoren und wir als Gäste als erste die Kirche. Wir stellten uns außerhalb des Ausgangs in eine Reihe, wonach nacheinander alle anderen aus der Kirche kamen und jedem die Hand gaben. Nach der letzten geschüttelten Hand reihten sie sich ein und verlängerten die Händeschüttelkette, so dass am Ende jeder jedem die Hand geschüttelt hatte.

Danach löste sich die Gemeinde auf und wir wurden eingeladen zu *Wasser und Brot*, wie es zunächst hieß. Peter kannte das schon und wusste, dass ein gutes Mittagessen auf uns wartete. So gingen wir ein kleines Stück, bis wir an eine Hütte kamen, in der wir herzlich aufgenommen wurden. Wir betraten wiederum direkt das Wohnzimmer, das – wie bei Onyango – mit großen Sesseln, Sofas und Tischen zugestellt war. Es gab kaum Platz, sich zu bewegen. Gegenüber dem Hütteneingang stand eine Lehmhütte mit Strohdach. Eine echte afrikanische Lehmhütte, wie man sie als Deutscher von Bildern kennt. Ich konnte meine Neugier nicht zurückhalten und bat darum, einen Blick in die Lehmhütte werfen zu dürfen, obwohl diese offenkundig das Reich der Frauen war. Sie war rund gebaut und hatte einen Durchmesser von geschätzten 3 Metern. Darin befanden sich etwa vier Frauen und sechs Kinder. Es war dunkel darinnen und meinen Augen gewöhnten sich kaum an die Dunkelheit. Außerdem war es sehr rauchig, da in der Hütte auf offenem Feuer gekocht wurde. Gesundes Klima ist etwas anderes. Meine Neugier war befriedigt und ich fühlte mich durch dieses Detailwissen noch mehr geehrt: Diese Leute gaben sehr, sehr viel für ein paar »zufällig dahergelaufene« weiße Gäste, wenn ich es einmal aus dieser Perspektive darstellen darf. Aber eine andere Perspektive ist mir lieber und kommt der Wahrheit sicherlich näher: Diese Leute gaben sehr, sehr viel für Peter Franz und seine Freunde, die er als Gäste mitgebracht hatte! Sie wussten, dass Peter und sein Vater ihrer Gegend schon viel Gutes getan und Segen gebracht hatten. Vor langer Zeit, von 20 Jahren war die Rede, hatte Peter im Rahmen einer größeren Veranstaltung in einem nahe gelegenen Tal dazu eingeladen, einen freimachenden Glauben anzunehmen und eine erfüllende Beziehung zu einem liebenden Gott einzugehen. Eine Frau erwähnte, dass sie Peter damals predigen gehört hatte und seit dieser Zeit Christin sei.

Wie schon bei Onyango wurde vor dem Essen von einer Frau warmes Wasser aus einer Kanne angeboten, so dass sich jeder die Hände waschen konnte. Das köstliche Mittagessen bestand aus Reis, Fleisch, Gemüse und Soße und, was nicht selbstverständlich ist: Es wurde Besteck gereicht. Zusätzlich gab es Ugali. Erwähnenswert ist noch, dass lediglich die Männer am Tisch saßen und die Frauen sich nach dem Tischgebet zurückzogen und uns Männer alleine ließen. Aus deutscher Perspektive unerhört, aus kenianischer Perspektive korrekt. Welche Perspektive ist die richtige?

Das Essen schmeckte sehr gut, auch wenn das Fleisch (vermutlich Rind) mit deutschen Standards nicht mithalten konnte. Aber hier ist mir ebenfalls eine andere Perspektive lieber: Diese Leute gaben sehr, sehr viel für uns und bereiteten sogar Fleisch für uns zu, was es sonst nicht alle Tage gibt!

Nach dem Essen unterhielten wir uns noch und beteten für eine Frau, die Probleme mit ihrem Bein hatte. Dann verließen wir die Hütte und wussten in diesem Moment nicht, dass die größte Überraschung noch kommen sollte: Diese lieben Menschen, die uns so warmherzig versorgten und uns so ehrenvoll aufnahmen, machten uns noch ein Riesengeschenk, indem sie uns ein Ziegenböckchen mitgaben! Ein kleines Vermögen wurde uns geschenkt, uns, die wir ohnehin mehr als genug haben. Welche eine Ehre! Dem Ziegenbock wurden kurzerhand die vier Füße zusammengebunden und er wurde in eine Plastikkiste gelegt, so dass wir ihn im Auto transportieren konnten. So fuhren wir also wieder nach Hause. Die

Rückfahrt bot nichts Neues, außer dass Samuel und Robert die Fahrt durch den Urwald auf dem Autodach genießen konnten – Kenia eben.

Montag, 10. Februar 2014

Heute machten wir uns auf den Weg nach Nakuru, um dort am nächsten Tag schon früh morgens den National Park Lake Nakuru besuchen zu können. Wir hatten 155 km Fahrstrecke vor uns; glücklicherweise auf der relativ guten Straße von Eldoret nach Nairobi. Auch diese Fahrt brachte neue Eindrücke mit sich. Sehr positiv wirkten auf mich die fröhlichen Schulkinder, die ich an ihren schicken Uniformen erkannte. Diese unterstrichen, dass Bildung in Kenia möglich ist, wenn auch nicht selbstverständlich, wie mir in verschiedenen Gesprächen bestätigt wurde. Hürden wie Schul- und Studiengebühren und schlichte Transportprobleme sind zu überwinden. Die öffentliche *Primary School* ist kostenlos, so dass im Wesentlichen Kosten für Schuluniformen und Ähnliches aufzubringen sind. Dadurch ist auch für Kinder armer Eltern immerhin eine 8-jährige Schulbildung möglich. Die öffentliche *High School* ist mit einem durchschnittlichen Schulgeld von 350 bis 400 EUR für viele Eltern schon unerschwinglich, wobei einzelne Schulen günstiger sind. Manche Schulen bieten eine Ganztagesbetreuung mit Verpflegung und damit ein günstigeres Lernumfeld. Für eine weiterführende Ausbildung an der Universität ist mit höheren Kosten zu rechnen. Gebühren in Höhe von 1500 EUR sind durchaus möglich und damit für viele Familien nicht finanzierbar. Bei guten Leistungen unterstützt der Staat durch Stipendien. Außerdem können Darlehen in Anspruch genommen werden.

Auffallend waren in den eher ländlichen Gebieten die vielen Straßenhändler, die Agrarprodukte wie Passionsfrüchte, Kartoffeln, Zwiebeln, Kohl und Tomaten anboten. Kaum hielten wir in deren Nähe an, wurde das Auto rasch umringt. Kurbelten wir das Fenster runter, wurden uns die angebotenen Waren sogleich entgegengestreckt, so dass wir nur noch zugreifen mussten. Wichtig ist jedoch in Kenia generell, gut zu verhandeln. Ich habe oben bereits darüber berichtet, aber ich möchte mich des Vergnügens nicht berauben, einige Ergänzungen anzubringen. Eingangs heißt es häufig »I make you a good price«, was man sich ausgesprochen ungefähr so vorstellen muss: »A mek ju a good pras«, wobei das r gerollt ausgesprochen wird und jede Silbe sehr kurz gesprochen wird. Auch wenn Kenia britische Kolonie war, so ist das kenianische Englisch doch sehr weit vom britischen Hochenglisch entfernt. Aber man gewöhnt sich daran. Der erstgenannte gute Preis ist niemals gut, sondern immer verhandelbar und je nach Situation kann ein »Rabatt« von 20% bis 60% erzielt werden. Will man mehrere Dinge kaufen, empfiehlt es sich, zunächst das einzelne Gut zu verhandeln und im Anschluss einen Mengenrabatt. Außerdem sollte man sich – um ein optimales Verhandlungsergebnis zu erzielen – innerlich nicht festlegen, sondern stets die Option, die Verhandlung abzubrechen, offenhalten. Denn merkt der Verkäufer dem Interessenten seinen Willen zum Abschluss des Geschäftes an, wird er sich nicht weiter bewegen. Beim ersten Mal ist solch ein Kauf am Autofenster noch eine aufregende Sache, aber man gewinnt schnell an Erfahrung. Eines darf man aber auch nicht übersehen: Ob man als Deutscher für 25 Passionsfrüchte nun 100 oder 120 Kenia-Schilling, also eine Differenz von ca. 18 Cent, bezahlt, spielt meist keine wirklich große Rolle für uns. Dennoch empfand ich bei all den Einkäufen das Bedürfnis, einen fairen Marktpreis und keinen Preis für *weiße Touristen* bezahlen zu wollen. Aber es stellt sich erneut die Frage: welche Perspektive ist hier angemessen?

Schließlich in Nakuru angekommen besuchten wir zunächst den Menengai-Krater, der auch im Reiseführer beschrieben wird. Man erreicht mit dem Wagen auf holpriger Straße bequem den Kraterrand, unterhalb dessen die 485m tiefer gelegene Kraterebene mit teilweise schwarzem Lavagestein liegt. Die Kraterebene dient unter anderem den Massai als Weideland. Auf dem Gipfel des Kraterrandes – ein klassischer Touristenort – befinden sich einige Souvenirläden, in denen wir definitiv über's Ohr gehauen worden wären, hätten wir den jeweils zuerst genannten Preis bezahlt.

Nach dem Besuch des Kraters suchten wir unser Gästehaus auf, in dem wir für 2000 Kenia-Schilling übernachteten. Das sind ca. 18 EUR, für die wir ein

Abendessen bestehend aus Hähnchen, Ugali, Spaghetti und Gemüse bekamen, außerdem eine Übernachtung in einem Zimmer mit Dusche und WC sowie ein Frühstück, bei dem neben Brot und Marmelade ein etwas seltsam anmutendes gebratenes Würstchen sowie ein Ei serviert wurde.

Dienstag, 11. Februar 2014

Das Personal war bereit, uns das Frühstück früher als sonst vorgesehen zu servieren, wofür wir dankbar waren. 5:45 Uhr war vereinbart und um ca. 6:05 Uhr konnten wir mit dem Essen beginnen, was für afrikanische Verhältnisse wohl als relativ pünktlich eingeschätzt werden musste.

Danach starteten wir in Richtung Nationalpark, der uns mit einem Eintrittsgeld von 90 US$ schockierte. Diesen Preis muss man auch aus deutscher Perspektive als zu hoch einschätzen, zumal die Lohnkosten in Kenia viel geringer sind als in Deutschland und kenianische Einwohner sehr viel weniger Eintritt, nämlich gerade einmal 1200 Schilling, was ca. 11 EUR oder knapp 15 US$ sind, bezahlen müssen. Aber das Eintrittsgeld hatten wir schließlich rasch vergessen, verbrachten sieben höchst interessante Stunden in dem Park und sahen viele große Tiere.

Nun erlebten wir also das, was viele in erster Linie mit Kenia verbinden: Hunderte von Fotos von Zebras, Antilopen, Kaffernbüffel, Giraffen, Adler, Rhinozerossen, Flamingos, Maribus, Pavianen und anderen Affen. Elefanten gibt es in dem Park keine und die Löwen und Leoparden hielten sich vornehm zurück, wohl um uns nicht zu erschrecken (wer Löwen sehen möchte, sollte eher die Masai Mara besuchen, das ist der kenianische Ausläufer der in Tansania gelegenen Serengeti).

Hatte ich mich auf den ersten Metern im Park noch keinen Schritt aus dem Auto getraut, war es nach einigen Stunden Fahrt, ohne von wilden Tieren angegriffen worden zu sein fast schon eine Selbstverständlichkeit, das Auto zum Fotografieren, Umherschauen oder für sonstige Dinge, die sich außerhalb des Autos leichter erledigen lassen, zu verlassen. Ohne das Erlebnis schmälern zu wollen, zumal es ja wirklich ein Erlebnis ist, einem Rhinozeros ohne schützenden Zaun fast schon auf Augenhöhe zu begegnen, fühlte es sich dennoch ein bisschen wie der Besuch eines Zoos an – eben ein Riesenzoo ohne Einzelgehege, der mit dem Auto befahren werden kann.

Schließlich hatten wir uns sattgesehen und suchten in Nakuru ein Restaurant auf, in dem wir für 150 Schilling eines der Nationalgerichte, nämlich das erwähnte Ugali mit Sukuma Wiki, genießen konnten. Das Restaurant verfügte sogar über eine Toilette, welche dem Besucher ein planvolles Vorgehen abverlangte, da sich die eine Rolle Toilettenpapier außerhalb des Ortes des Geschehens, nämlich zwischen den Türen der Damen- und Herrentoilette, befand. Nach wiederum 155 km Rückfahrt kamen wir abends in der GFI-Base an und konnten auf einen vollen und erfüllten Tag zurückblicken.

Mittwoch, 12. Februar 2014

Der Mittwoch begann mit einem einfachen Frühstück in unserer Männer-WG bestehend aus Weetabix mit Mangomark und Zitronengrastee. Danach nahmen wir gemeinsam mit allen anderen GFI-Mitarbeitern an der morgendlichen Andacht teil. Es wurden Bibeln verteilt und Robert führte die Anwesenden durch das Thema der Andacht, das sich nach einem kleinen Büchlein mit dem Titel »Every Day with Jesus« richtete. Es ging dabei um die Gefahr des Stolzes, insbesondere des Stolzes auf die eigene »christliche Kompetenz«, der am Ende eher in die Irre als ans Ziel führt.

Nach zwei bis drei gemütlichen Stunden, die ich mir nach den aufregenden Erlebnissen der vergangenen Tage reichlich verdient hatte, machten wir uns auf den Weg in die Stadt Eldoret. Becki Franz, Peters Frau, brachte uns ins Stadtzentrum, wo wir die erste Shoppingtour begannen. Zunächst wechselte Robert Geld in einer Bank und ich ließ die *großen* 1.000 Schillingscheine in 200er wechseln. Am helllichten Tag bewegten wir uns unbehelligt in der Stadt und wurden fast nur von Shuttle-Fahrern (dazu später mehr), die uns nach Nairobi bringen wollten, angesprochen. Einen gefährlichen Eindruck machte das nicht auf mich, vor einem Aufenthalt in der Stadt bei Dunkelheit wird von Insidern jedoch allgemein gewarnt. Und auf Taschendiebe muss man auch in

Stuttgart aufpassen, insofern ist es für mich als Afrikaneuling sehr schwer einzuschätzen, wie gefährlich ein Besuch in der Stadt bei Dunkelheit tatsächlich ist. Und mit dieser Wissenslücke werde ich gerne und ruhig weiterleben – ich muss schließlich nicht jede Erfahrung selbst gemacht haben, häufig empfiehlt es sich, den Rat erfahrener Mitmenschen schlicht zu befolgen.

Wir suchten einen Supermarkt und die davor angesiedelten Stände für Souvenirs auf. Hier wurden hübsche Teller und Gegenstände aus Speckstein, geschnitzte Tiere und Skulpturen, Masken, Taschen, Schmuck und vieles andere angeboten. Nicht vergessen: vor dem Bezahlen zu handeln! Ich kaufte eine Sisaltasche, eine Trommel und hübsche bunte Halsketten, deren Perlen aus Papierröllchen bestehen.

Der Besuch des Supermarktes war interessant und lehrreich: In Kenia gibt es alles zu kaufen, es ist allein eine Frage des Preises und dessen, was man sich leisten kann und was nicht. Die mir aus Deutschland bekannten Produkte wurden zu ähnlichen Preisen angeboten wie in Deutschland, was bedeuten muss, dass lediglich *reiche* Kenianer sich diese Dinge leisten können, da der Lohn für einfache Arbeiten nur wenige Euro am Tag beträgt. Nicht überraschend sind letztlich nur die in Kenia hergestellten Produkte richtig günstig, insbesondere Agrarprodukte. Erstaunlich ist übrigens, wie rasch ein Perspektivenwechsel vonstatten gehen kann. Obwohl erst seit ein paar Tagen in Kenia, empfand ich dennoch gerade Produkte aus Europa oder USA als zu teuer und schaute mich nach kenianischen Produkten um. Sehr schnell wurde für mich ein 1000 Schillingschein zu zwei Tageslöhnen für einfachere Hilfsarbeiten – anstatt zu übersichtlichen 9 EUR, was nicht zuletzt darauf beruhte, dass der Wunsch, mit einem Tausender zu bezahlen, immer wieder an mangelndem Wechselgeld zu scheitern drohte. Also sind die 1000 Schilling selbst für etliche Händler viel Geld!

Den Supermarkt verlassend entdeckte ich einen Kiosk in Form eines Blechkastens, der mit »Blessed Kiosk« beschriftet war und bei dem Getränke und Handyguthaben gekauft werden konnte.

Durch die Stadt schlendernd, bedauerte ich schon, nicht meine schmutzig gewordenen schwarzen Schuhe angezogen zu haben, die ich sehr gerne von einem der vielen Dienstleister hätte putzen lassen wollen. Das hätte sich gelohnt, da eine Menge roter Staub daran klebte. Vielleicht, so hoffte ich, würde sich noch eine Gelegenheit ergeben.

Auf unserem Weg durch die Stadt durchstreiften wir eine enge Gasse, in der sich etliche Geschäfte befanden. Übrigens gibt es in Eldoret unzählige Handyläden, die die Geräte zu ähnlichen Preisen wie in Deutschland verkaufen. Dennoch besitzen, wie schon erwähnt, die meisten Kenianer ein Handy – Kommunikation ist eben ein wesentliches Bedürfnis der Menschen. Wir bogen von der engen Gasse in ein noch engeres, etwa 80 cm breites Gässchen ein, das ich alleine vermutlich nicht ohne Weiteres betreten hätte. Nach einigen Metern bogen wir links ab und befanden uns in oder vor (das war nicht genau auszumachen) einem Hinterhofrestaurant (in Deutschland würde man eine solche Lokalität wohl eher als »Imbiss« bezeichnen). An einem offenen Grill wurden Hähnchen und Fleischspieße gegrillt und wir beschlossen, uns dort niederzulassen und etwas zu essen. Fleisch, Ugali und Tomatensalat wurde uns serviert.

Nun begann ein kleiner innerer Kampf: Sollte ich den Tomatensalat essen oder nicht? Ein Verzehr wäre ein deutlicher Verstoß gegen die Regel »Boil it, cook it, peel it – or forget it« gewesen. Nachdem meine Begleiter den Tomatensalat bereits gegessen hatten und meiner Skepsis mit einem Hinweis auf mein Gebet um eine allfällige Desinfektion der Speisen begegneten, entschied ich mich ebenfalls zum Verzehr des appetitlich aussehenden Salates. Gottvertrauen oder Leichtsinn? Ach ja, zu erwähnen ist noch, dass die Ausgabe von Besteck wohl irgendwelchen Optimierungsmaßnahmen zum Opfer gefallen sein musste, weshalb wir das Fleisch mit den Händen und alles andere, einschließlich Tomatensalat, mit flach gekneteten Ugalifladen aufnahmen und verzehrten, was zu diesem Zeitpunkt schon nicht mehr so ganz neu für mich war. Zur Beruhigung des auf hygienische Maßnahmen bedachten Lesers sei auf das sich vor dem Restaurant befindliche Waschbecken mit fließend Wasser und – überraschend für mich – Seife verwiesen, das wir vor dem Essen natürlich alle benutzt hatten.

Nach dem Besuch eines weiteren Souvenirgeschäftes, in dem wir wunderschöne Dinge aus Ebenholz und Palisander kauften, ging es mit dem *Pikipiki* nach Hause.

> *Öffentlicher Personennahverkehr (ÖPNV) in Kenia*
> *Der ÖPNV in Kenia, der vielleicht besser als PPNV, also Privater Personennahverkehr, bezeichnet werden sollte, ist praktisch und effizient, wenn auch teilweise kaum zumutbar organisiert. Zunächst gibt es das Angebot, sich auf einem gut gepolsterten Fahrradgepäckträger transportieren zu lassen. Ebenfalls zweirädrig, aber motorisiert, ist der Transport mit einem Pikipiki, einem relativ kleinen Motorrad, dessen Fahrer in der Regel relativ schnell fährt und seine ein bis zwei Fahrgäste samt beliebigem Gepäck für 50 Schilling innerhalb der Stadt von A nach B bringt. Gefahren wird dabei auf der Straße, wenn sich dies anbietet, oder auf dem Seitenstreifen, sofern dies ein rascheres Fortkommen verspricht. Überholt wird wahlweise links oder rechts, so wie es opportun erscheint. Und nicht zu vergessen: manche Pikipikifahrer tragen sogar einen Helm.*
> *Dann kommen – um nach Anzahl der Räder sortiert zu berichten – die dreirädrigen Tuktuks, für die ähnliches gilt*

wie für die Pikipikis, wobei der Fahrgast jedoch innerhalb eines autoähnlichen Blechkastens sitzen kann.

Die Matatus sind Kleinbusse, die für etwa 11 Personen ausgelegt sind, die aber durchaus auch 14 Erwachsene plus einige Kinder oder sogar noch mehr transportieren können, wenn das Dach nicht völlig mit Gepäck belegt ist. Die Matatus scheinen immun gegen Schlaglöcher zu sein, jedenfalls macht deren Fahrstil einen solchen Eindruck. Eine 450 km weite Matatu-Fahrt nach Nairobi gehört zu den Erlebnissen, auf die ich ohne Reue verzichtet habe, auch wenn es sicherlich viel darüber zu berichten gäbe. Die gewöhnlicheren Fortbewegungsmittel sind die North Rift Shuttle-Busse, in denen man Anspruch auf einen eigenen Sitzplatz hat und die eine Fahrt nach Nairobi zumindest in den Bereich des Erträglichen zu rücken scheinen.

Nicht zuletzt gibt es natürlich öffentliche Busse sowie die Ugandabahn, über die in Reiseführern alle relevanten Informationen zu finden sind.

Die kenianischen Großstädte sind durch Fluglinien von Kenya Airways sowie fly540 miteinander verbunden. Einen Flug von Nairobi nach Eldoret habe ich für 50 EUR gebucht, also zu einem recht erschwinglichen Preis.

Donnerstag, 13. Februar 2014

Den Donnerstag verbrachte ich vollständig innerhalb der Base, da ich einerseits der Ansicht war, einen Ruhetag verdient zu haben und andererseits ein GFI-Board-Meeting stattfand, zu dessen Teilnahme ich aufgrund meiner Erfahrungen in Managementfragen eingeladen wurde.

Nach einer um acht Uhr beginnenden Gebetsrunde, im Rahmen derer intensiv für die angespannte Situation im Süd-Sudan sowie die vielen Flüchtlinge in Kakuma, das in der turkanischen Halbwüste in Nordkenia liegt, gebetet wurde. Man kann sich die Frage stellen, warum ein die Menschen liebender Gott solche menschenunwürdigen Geschehnisse überhaupt zulässt. Darauf kann man eigentlich nur antworten, dass nicht Gott, sondern die Menschen selbst diese herbeiführen, indem sie ihren freien Willen nicht göttlichen Prinzipien sondern ihren egoistischen Wünschen unterordnen. Deshalb ist es fast schon eine Pflicht derer, die Gott kennen und ihr Leben nach seinem Willen ausrichten, ihn um Hilfe und Linderung der Not zu bitten. Gleichzeitig, und GFI geht diesen Weg, weil die Leute von GFI die Möglichkeiten haben und dies als ihren wesentlichen Auftrag verstehen, kann und sollte aktiv geholfen werden und zwar sowohl durch humanitäre Hilfe als auch durch Predigten, um Menschen die Perspektive des Friedens Gottes zu geben. Auch für viele andere

Aspekte und Anliegen wurde gebetet und ich sah, dass in der letzten Woche mein eigener Name auf die Gebetstafel geschrieben worden war, was mich sehr berührte.

Um 9:30 Uhr begann das GFI-Board-Meeting, das von Professor Kuria geleitet wurde. Dem ist vorauszuschicken, dass Kuria im Rahmen seiner in 2013 abgeschlossenen Dissertation über Aspekte der Führung und Planung bei GFI geschrieben hatte. Dazu führte er eine Befragung aller Leiter und Mitarbeiter durch, leitete daraus Maßnahmen ab, die sodann umgesetzt wurden und deren Erfolg er durch eine neue Mitarbeiterbefragung überprüfte. Im Anschluss daran wurde eine SWOT-Analyse (*Strengths, Weaknesses, Opportunities and Threads*, also Stärken, Schwächen, Chancen und bedrohliche Risiken) durchgeführt, über deren Ergebnisse im heutigen Meeting gesprochen werden sollte. Ein wesentliches Ergebnis der Maßnahmen war die Formulierung der *Mission, Vision, Goals, Values* sowie eines *Mottos* von GFI, an denen sich die weitere Arbeit orientieren wird.

Im Rahmen des Meetings wurden die identifizierten *Strengths and Weaknesses* besprochen, um daraus kurz- und längerfristige Maßnahmen abzuleiten. Ich war beeindruckt von der Konsequenz, mit der GFI strategische Planungsimpulse aufnahm und umsetzte und wie durch die SWOT-Analysis authentisch und ehrlich Kurskorrekturen und neue Wege identifiziert worden waren, die in der Folgezeit beschritten werden konnten. Etwas lernte ich aus dem Meeting, das sich während meines kurzen Aufenthalts auch an anderen Stellen zeigte: Menschen sind sich so ähnlich, egal wo sie herkommen! Im Rahmen des Meetings sprachen wir über technische Ausrüstung, über Qualität medialer Auftritte, über Überlastung von Mitarbeitern, Arbeitszeiten etc., also über Themen, die mir aus meinem Arbeitsalltag alle sehr vertraut waren.

Den restlichen Tag verbrachte ich überwiegend schreibend, um dieses Reisetagebuch möglichst zeitnah nach meiner Reise verfügbar machen zu können.

Freitag, 14. Februar 2014

Nachdem Onyango gemeinsam mit Thomas bereits am 13. Februar in das Flüchtlingscamp nach Kakuma gereist war, flog Peter am frühen Morgen ebenfalls dorthin, um Möglichkeiten für GFI zu eruieren, dort sowohl humanitär als auch durch Predigten und Ähnliches zu unterstützen. Becki und ich fuhren Peter zum Flughafen, von wo aus er mit seiner Cesna Richtung Norden in die turkanische Halbwüste flog. Sie sollten erst am späteren Abend zurückkommen.

Und vor mir lag ein langer Tag, der genug Raum für weitere Erlebnisse bot. Im Rahmen des allmorgendlichen gemeinsamen Teetrinkens um 10:30 Uhr erfuhr ich, dass Steven, ein Kenianer, der bei GFI für Medien- und insbesondere für Filmarbeiten zuständig ist, vor einiger Zeit auf einer Autofahrt überfallen und von einer Kugel getroffen wurde. Völlig überraschend oder eher wie durch ein Wunder war ein Arzt zur Stelle, der Steven eine Erstversorgung geben konnte. Noch überraschender und ein noch größeres Wunder war, dass Steven diesen Vorfall überhaupt überlebte, da die Kugel in seinen Oberkörper im Bereich von Lunge und Herz eingedrungen war, ohne seine Organe ernsthaft zu verletzen!

Besonders berührt war ich, dass Steven sich trotz des Vorfalls dafür entschieden hatte, weiterhin bei GFI zu arbeiten und an der Umsetzung der Pläne

Gottes mitzuwirken. Er ist ein Mensch, der seine Komfortzone ganz bewusst immer wieder verlässt, da er sich völlig für die Sache Gottes entschieden hat. Und Kenia bietet auch als ein im Vergleich zu Deutschland eher unsicheres Land Komfortzonen, aber die Aktionen von GFI in entlegenen Gebieten, die immer wieder Fahrten durch gefährliche Gegenden erfordern, haben mit Komfort nichts mehr zu tun. Was für eine starke Kraft ist es, die diese Menschen treibt! Ich glaube, das ist nur zu verstehen, wenn man die Liebe Gottes erlebt hat und weiß, dass es sehr erfüllend und sinnstiftend ist, Gott zu dienen, ihn in seiner Sache zu unterstützen und damit das zu tun, was Gott und nicht der Einzelne selbst will.

Vergleichsweise unspektakulär, zumindest im Vergleich zu Stevens Erlebnissen, war unsere Fahrt in die Stadt, die der Vervollständigung unserer Souvenirsammlung dienen sollte. Wie schnell man sich doch an Neues gewöhnt! Was am ersten Tag noch unfassbar erschien, war an diesem Valentinstag fast schon normal. Oder ist es wirklich aufregend, zu zweit gemeinsam mit einem Pikipikifahrer, d.h. zu dritt auf dem Motorrad zu fahren? Und was war noch gleich das besondere an einer schmutzigen, ungepflegten Stadt mit verkommenen Gebäuden? So schnell können sich Perspektiven ändern. Sah ich am ersten noch abstoßende Fassaden von Geschäften, so war ich am heutigen Tage schon viel mehr in der Lage, durch einen Blick in das Innere eines Geschäftes unter Ausblendung des häufig ungepflegten Äußeren das Eigentliche zu erkennen: die Waren, die Verkäufer, die Präsentation der zu verkaufenden Güter. So besuchten wir einen Schneider, bei dem wir maßgefertigte Hemden in afrikanischem Stil bestellten. Bei einem Herrenausstatter, der Krawatten, Hemden, Schuhe und Hosen zwar auf engstem Raum aber doch ansprechend darbot, kauften wir günstige und hübsche Ware, von deren Qualität wir uns allerdings im Laufe der Zeit noch überzeugen müssen. Gerne nahmen wir bei unserem Stadtbummel auch den Service eines Schuhputzers in Anspruch. Von einem fingerfertigen Straßenhändler ließ ich mir einen Stempel anfertigen, den dieser tatsächlich von Hand schnitzte. Ich war sehr beeindruckt von dessen Geschicklichkeit und bin jetzt stolzer Besitzer eines handgefertigten und dadurch weltweit einmaligen Stempels mit meinen Kontaktdaten. Interessant war dabei, dass der handgeschnitzte Stempel mit 200 Schilling erheblich billiger war als maschinell gefertigte – die Arbeitskraft ist in Kenia eben nicht sehr viel wert.

Nachdem wir uns auch mit Souvenirs eingedeckt und erneut in einem Imbiss ein ordentliches Essen genossen hatten, ließen wir uns von einem Tuktuk nach Hause fahren. Da die Strecke sehr kurz war, ließ sich die Fahrt in einem mit acht Personen völlig überfüllten Gefährt als ein recht interessantes Erlebnis einordnen. Dies umso mehr, als ich das

Tuktuk schon mit zwei Fahrgästen als voll belegt einstufen würde. Ein längere Stecke so zu fahren, ließe sich nur noch als unzumutbar bezeichnen.

Am Abend hieß es dann auch schon Abschied nehmen von Peter und Becki, da ich am nächsten Morgen gemeinsam mit Samuel nach Nairobi fliegen sollte.

Samstag, 15. Februar 2014

Am Samstag verließen wir Eldoret und flogen zurück nach Nairobi, von wo aus uns ein Taxi nach Rongai, einem Vorort von Nairobi, brachte. Es war angenehm zu wissen, dass der Taxifahrer ein Freund von Pastor Rhymes war, den wir besuchen wollten.

Pastor Rhymes, oder Allan Njeru wie er tatsächlich heißt, ist Leiter einer Gemeinde in Rongai, die über eine immerhin gemauerte Kirche für ca. 200 Menschen mit zementiertem Boden verfügt. Über zu Kirchen gehörende Toiletten hatte ich schon gesprochen. Auch für diese Gemeinde ist das ein herausfordernder Bereich. Zwar wurde begonnen, das bestehende Häuschen zu erweitern, jedoch fehlt das nötige Geld, um ein Urinal für die Herren fertig zu bauen.

Allan ist, nach allem was ich den intensiven Gesprächen mit ihm entnehmen konnte, nicht nur Pastor sondern genauso Sozialarbeiter. Oder sollte ich ihn eher als *Unternehmensberater* bezeichnen? Ein wesentliches Anliegen ist ihm, seine Leute aus der Gemeinde und Freunde zu motivieren, sich durch sinnvolle Arbeiten eine Existenzgrundlage zu schaffen. Da die in Deutschland weit verbreiteten abhängigen Beschäftigungsverhältnisse als Arbeitnehmer in Kenia eher spärlich vorhanden sind, bedeutet das faktisch für viele Menschen, sich *unternehmerisch* zu betätigen. Beispielsweise arbeiten einige schlicht als Müllabfuhr, da es an dieser Dienstleistung in Kenia mangelt. Das finanzielle Investment beschränkt sich dabei auf den Erwerb oder Bau eines Karrens. Damit kann das Müllunternehmen seiner Tätigkeit nachgehen und vermögendere Menschen gegen ein wenig Geld von dieser Last befreien. Die Existenz der Müllmänner ist damit gesichert und sie können sich das Notwendigste leisten. Wie sinnvoll diese Maßnahmen aus ökologischer Sicht sind, sei dahin gestellt. Ich denke, die Ökobilanz wird wenigstens nicht schlechter dadurch, dass der Müll auf irgendeiner freien Fläche deponiert oder verbrannt wird, anstatt wie bisher auf den jeweiligen Grundstücken.

Ein etwa 20 Jahre alter junger Mann namens Jeremiah hatte ein *Geschäft* für Handy-Reparaturen eröffnet. Das bunt gestaltete Äußere seiner Bretterbude lädt ein, ihn um seine Dienstleistung als Monteur oder einfach nur um Aufladen des Akkus zu bitten. Wie hoch seine Reparaturerfolgsquote ist, konnte ich nicht in Erfahrung bringen. Aber Afrikaner sind in Sachen Reparieren und Improvisieren kreativ und pfiffig. Was Deutsche als kaputt ansehen, ist aus deren Sicht noch lange nicht verloren.

Allan erzählte viel von seiner Gemeinde, wie er die Leute motiviert und durch gute Ideen unterstützt. Er gibt niemandem Geld zum Kauf von Nahrung, sondern ermutigt und begleitet die Menschen, sich durch eine Investition die Grundlage zur wirtschaftlichen Unabhängigkeit zu schaffen. Als Starthilfe vermittelt er – soweit möglich – Darlehen in geringem Umfang, die innerhalb einer gegebenen Zeit zurückzuzahlen sind. *Hilfe zur Selbsthilfe* nennen wir das in Deutschland – E*mpowering people* nannte er es.

Allan zeigte uns die Gegend seiner Gemeinde, führte uns zu einigen *Unternehmern* und in ein Waisenhaus, das mich in besonderem Maße berührte. Es befindet sich in der Nähe der Slums und bietet Platz für über 40 Kinder, die dort in allereinfachsten Verhältnissen leben. Ihre Schlafräume sind sehr eng, dunkel, stickig, ja stinkend. Ich habe sie gesehen, verspürte jedoch kaum den Drang, sie auch zu betreten. Mit deutschen Augen gesehen sind diese Verhältnisse schlicht unwürdig. Auch die Küche sah eher aus wie ein vor 20 Jahren verlassenes Kellerloch, in dem einige Gegenstände vergessen wurden. Aus der Perspektive der Kinder gesehen, stellt sich die Situation natürlich völlig anders dar: Sie müssen als Waisen oder verstoßene Kinder nicht auf der Straße oder als Außenseiter in den Slums leben, sondern haben ein Dach über dem Kopf, etwas zu Essen, können zumindest die öffentliche Schule bis zu siebten Klasse besuchen und die Waisenhaus-Mama Margret kümmert sich um sie. Nach ihrem dringendsten Anliegen gefragt, erwähnte Margret den Bedarf an 20 neuen Matratzen. Was für sie ein finanzielles Großprojekt ist, ist für deutsche Verhältnisse mehr als machbar, da eine für die Kinder geeignete Matratze in Kenia nur 22 EUR kostet.

Von Allan erfuhr ich auch, wie wir Weiße (und auch Asiaten) auf Kiswahili genannt werden: Wir sind *Mzungus*. Ein Rätsel wird für mich bleiben, was die schwarzen Menschen damit verbinden, was ein Mzungu in ihren Augen ist. Ich möchte nicht einmal mutmaßen darüber, dazu fehlt mir jegliche Basis. Selbst Peter Franz, der in Kenia geboren wurde und fast sein ganzes Leben dort verbrachte, sagt von sich, dass er die Schwarzen nicht immer verstehe. Auch wenn sie in vieler Hinsicht dieselben Wünsche, Hoffnung, Freuden, Sorgen und Ängste haben wie wir, haben sie dennoch ihre eigene Art zu denken und zu handeln. Und erst recht ihren eigenen Blick auf Mzungus.

Pastor Rhymes ist nicht nur Pastor, also wörtlich genommen ein *Hirte*, sondern auch ein Mensch, dem die Verbreitung eines befreienden und fröhlichen Glaubens ein Anliegen ist. Er lädt die Menschen in der Umgebung seiner Gemeinde unermüdlich ein, ihre Haltung und ihren Standpunkt zu überdenken und ihr Leben zu ändern. Auch an diesem Tag war eine spontane Aktion vorgesehen, um genau dies anzubieten. Dazu wurden auf einem kleinen Platz in Rongai Lautsprecher und eine Musikanlage aufgebaut und, um die Menschen einzuladen und anzusprechen, zunächst vor allem Musik gemacht. Junge Männer sangen, rappten und bewegten sich in afrikanisch lockerer Art dazu. Ich war gebeten worden, den Leuten etwas zu sagen, d.h. zu predigen, was mich gleichzeitig herausforderte und ehrte. Eine *Predigt* ist doch etwas, was aus deutscher Sicht intensiver Vorbereitung bedarf. Allan freute sich sehr über meine Zusage, eine kurze Botschaft zu vermitteln. Er fragte mich weder, worüber ich zu sprechen gedachte noch interessierte es sich für die voraussichtliche Dauer. In Afrika wird Spontaneität eben wirklich gelebt.

Mir war wichtig zu vermitteln, dass Schwarze und Weiße in ganz wesentlicher Hinsicht in exakt derselben Position sind: Wir alle wollen Frieden haben, Frieden in uns und Frieden mit Gott, was durch den Glauben an Jesus Christus möglich ist. Und Gottes Liebe ist für alle gleich – er hat letztlich die richtige Perspektive und Sicht. Ich orientierte mich an dem Satz, den Paulus vor fast 2000 Jahren an die Gemeinde der Christen in Rom geschrieben hatte. Wer nachschlagen will, möge sich den ersten Vers des fünften Kapitels ansehen.

Ich könnte allerdings meinen Glauben nicht leben, ja, würde längst nicht mehr glauben, wenn das eine einseitige Angelegenheit wäre. Erst durch das Reden Gottes und durch seine Antworten auf meine Fragen, durch sein Handeln in meinem Leben, wird Glaube für mich lebbar und erlebbar. Dies versuchte ich durch den Vergleich mit einem Handy zu verdeutlichen. Wir wissen nicht (bis auf die technisch sehr Begabten) wie ein Telefongespräch oder *das Internet* durch die Luft in ein Handy hineinkommt und das von uns Gesagte zurückgeht, aber es funktioniert. Und so wissen wir auch nicht genau, wie unsere Gebete, unsere Gedanken und unser Dank zu Gott kommt und auch nicht, wie genau er handelt und redet, aber es funktioniert. Zu glauben heißt nicht einfach anders zu denken, zu reden und zu handeln, sondern in erster Linie eine Beziehung aufzubauen zu einem redenden und handelnden Gott, von dem Liebe und Vergebung ausgehen.

Es war tatsächlich die erste Predigt, die ich hielt. Zwar kurz, dafür aber auf Englisch mit Übersetzung auf Kiswahili, was die Sache für mich noch spannender machte. Pastor Rhymes übernahm danach die Moderation und fragte die anwesenden Menschen, es mochten etwa 50 gewesen sein, wer sein Leben ändern und einen neuen Anfang wagen möchte. Daraufhin meldete sich ein Mann, kam zu uns, kniete sich nieder und beschloss weinend, betend und sehr zerknirscht, sein Leben auf eine neue Grundlage zu stellen. Mitarbeiter der Gemeinde kümmerten sich dann noch um ihn und sprachen mit ihm über die weiteren Schritte. Auch in der Zeit danach kümmerten sie sich weiter um ihn.

So ging eine bewegende Aktion zu Ende. Eine Aktion, die in dieser spontanen Form in Deutschland zwar nicht so leicht vorstellbar, aber in meinen Augen genauso sinnvoll wäre, da viele Menschen den erwähnten Frieden nicht kennen und nicht erleben.

Abreise

Mein Flug war für Sonntag um 4:45 Uhr geplant. Eine ungünstige Zeit, da Nairobi und die Umgegend nachts eher unsicher sind und ich mich deshalb schon abends um 9 Uhr am internationalen Flughafen einfinden musste. In einem kleinen Restaurant am Flughafen aß ich noch etwas und fragte die freundliche, junge Bedienung, ob es denn kein Ugali mit Sukuma Wiki gäbe, da ich auf der Karte ausschließlich *Mzungu-Speisen* wie Burger und Ähnliches fand. Der Westen bzw. Europa hatte mich schon fast wieder. Das junge Mädchen war etwas überrascht darüber, dass ich überhaupt wusste, was Ugali ist. Die meisten Mzungus kennen so etwas nicht, meinte sie. Sie konnte ja auch nicht wissen, wo ich überall war und was ich alles gesehen hatte.

Zwei letzte Eindrücke konnte ich vor meinem Abflug noch gewinnen: Zum einen gab es im Wartebereich von Jomo Kenyatta International Airport Steckdosen, so dass ich mein Handy laden konnte. Zum anderen nahm ich versehentlich zwei Plastikflaschen mit Wasser und Fanta mit in den Flieger, die der Security-Mann mit seinem Durchleuchtgerät nicht entdeckt hatte, was daran liegen mochte, dass er fünf Minuten vor Kontrolle meines Gepäcks noch geschlafen hatte.

Eine aufregende Reise, die mich immer wieder herausgefordert hat, meinen Standpunkt zu überdenken oder zu ändern, ging zu Ende. Ein ständiger Wechsel meiner Perspektive hat mich ins Nachdenken gebracht und mir erneut und intensiver bewusst gemacht, wie klein der Blickwinkel des Einzelnen doch ist. Deshalb bin ich froh, dass es zumindest einen gibt, der den Blick auf das große Ganze hat!